BEI GRIN MACHT SICH IHR WISSEN BEZAHLT

AF144708

- Wir veröffentlichen Ihre Hausarbeit,
  Bachelor- und Masterarbeit

- Ihr eigenes eBook und Buch -
  weltweit in allen wichtigen Shops

- Verdienen Sie an jedem Verkauf

Jetzt bei www.GRIN.com hochladen und kostenlos publizieren

Bibliografische Information der Deutschen Nationalbibliothek:

Die Deutsche Bibliothek verzeichnet diese Publikation in der Deutschen National-
bibliografie; detaillierte bibliografische Daten sind im Internet über http://dnb.d-
nb.de/ abrufbar.

Impressum:

Copyright © 2011 GRIN Verlag, Open Publishing GmbH
Druck und Bindung: Books on Demand GmbH, Norderstedt Germany
ISBN: 9783668428072

Dieses Buch bei GRIN:

http://www.grin.com/de/e-book/357898/judaeo-arabische-klassiker-untersuchung-
kurzer-auszuege-aus-werken-von

Matthias Stumpf

Judäo-Arabische Klassiker. Untersuchung kurzer Auszüge aus Werken von Saadya Gaon, Jehuda Halevi und Maimonides im judäo-arabischen Original

GRIN Verlag

GRIN - Your knowledge has value

Der GRIN Verlag publiziert seit 1998 wissenschaftliche Arbeiten von Studenten, Hochschullehrern und anderen Akademikern als eBook und gedrucktes Buch. Die Verlagswebsite www.grin.com ist die ideale Plattform zur Veröffentlichung von Hausarbeiten, Abschlussarbeiten, wissenschaftlichen Aufsätzen, Dissertationen und Fachbüchern.

Besuchen Sie uns im Internet:

http://www.grin.com/

http://www.facebook.com/grincom

http://www.twitter.com/grin_com

JUDÄO-ARABISCHE „KLASSIKER"

•

„Klassiker" der Judäo-Arabischen Literatur

Es existiert eine Anzahl von Werken, die zu Recht als „Klassiker" der judäo-arabischen Literatur bezeichnet werden können.

Es sind dies insbesondere die folgenden vier Werke (geordnet nach Alter):

1. Das *Kitāb al-Amānāt wa 'l-I 'tiqādāt* von Sa'adya Gaon (882-942)
   („*Emunot we-De 'ot*")

כתאב אלאמאנאת ואלאעתקאדאת

   Sa'adya war ein jüdisch-mu'tazilitischer *Mutakallim*.

2. Das *Kitāb al-Hidāya ilā farā 'iḍ al-qulūb* von Baḥyā Ibn Paquda (- ca. 1080)
   („*Torat Ḥovot ha-Levavot*")

כתאב אלהדאיה אלי פראיץ אלקלוב

   Baḥyā kann als „jüdischer Sufi" bezeichnet werden.

3. Der *Kuzari* von Jehuda Halewi (1085-1141)

כתאב אלרד ואלדליל פי אלדין אלדליל (כתאב אלכזרי)

   Halewi könnte man wegen seiner Rolle als Polemiker gegen die Philosophie als „jüdischen *al-Ghazālī*" charakterisieren. Er war außerdem ein Poet.

4. Der *Führer der Verwirrten* (*Dalāla al-Ḥā 'irīn*) von Moses Maimonides (1135-1204)
   („*Moreh Nevukhim*"); Maimonides war aristotelischer Philosoph und Halakhist.

דלאלה אלחאירין

Hinzu kämen noch einige Abschnitte seines *Mischna*-Kommentars (*Kitāb as-Sirāǧ*, Buch der Leuchte כתאב אלסראג), so beispielsweise die berühmten 13 Glaubensgrundsätze (קואעד) sowie die Einleitung („Acht Kapitel") und der Kommentar zum *Mischna*-Traktat *Avot*.

Einige Sammlungen aus der Gattung der *Teshuvot* (Rechtsgutachten) großer *halachischer* Autoritäten aus der islamischen Welt wurden ebenfalls zumindest partiell auf Judäo-Arabisch abgefasst. Ein bedeutendes Beispiel ist etwa R. Jiṣḥaq al-Fāsī (ha-RI''F) aus Fez (1013-1103).

Zu erwähnen wären ferner noch zahlreiche judäo-arabische Versionen der *Pessach-Haggada* bis in die neuere Zeit.

DAS JUDÄO-ARABISCHE ALPHABET

Das *judäo-arabische Alphabet* ist eine modifizierte Form des hebräischen Alphabets zur Schreibung des Arabischen, und zwar durch Hinzufügung eines *diakritischen Punktes* über einigen Buchstaben.

So ergibt sich diese Abfolge:

אבתתֿכֿחגֿתֿדֿדרזסששׁצׁצטטֿעגֿפכקכלמנהוי

(أ ب ت ث ج ح خ د ذ ر ز س ش ص ض ط ظ ع غ ف ق ك ل م ن ه و ي)

Die Namen für diese Buchstaben sind *Alef, Bet, Taw, Ṯaw, Ǧimmel, Ḥet, Khaf, Dalet, Ḏalet, Resh, Zayn, Samekh, Shin, Ṣade, Ḍade, Ṭet, Ẓet, ʿAyn, Ġayn, Fe, Qof, Kaf, Lamed, Mem, Nun, He, Waw* und *Jud*. Hinzu kommen natürlich noch die Endbuchstaben ךֿ, ץ, ץֿ, ף, ך, ם und ן, und außerdem die Zeichen für das *Taw marbute* ה̈ und für eine Kurzform von *al* א (*Alef* + *Lamed*). Das trägerlose *Hamza* ء kann, wenn es denn ausnahmsweise überhaupt einmal geschrieben wird, in der arabischen Form auftauchen. Ansonsten wird *Hamza* meistens nur mit א (beziehungsweise seinem Trägerbuchstaben) wiedergegeben.

Das י steht sowohl für ي als auch für ى. Das dem hebräischen Zeichen für *Gimmel* (*g*) entsprechende ג wird wegen der aus dem Aramäischen stammenden doppelten Aussprachemöglichkeit dieses Buchstabens für غ gebraucht; und כֿ für خ wegen der phonetischen Identität des letzteren mit dem hebräischen *Khaf*. In manchen Werken ist das Zeichen für ج auch ג, oder für ج und غ werden ג und גֿ verwendet anstatt umgekehrt.

Die *Vokalzeichen* entsprechen meist den arabischen (sie werden nur selten und sporadisch gebraucht).

3

Saʿadya Gaon

Geboren wurde Saʿadya im Jahr 882 in *Dilaẓ* im Distrikt *Fayyūm* in Oberägypten (daher sein Beiname *al-Fayyūmī*). Im Alter von 23 Jahren verließ er Ägypten.

Im Jahr 928 wurde er auf Empfehlung des Exilarchen (*Raʾs al-ǧālūt*) *David b. Zakkai* als erster Ausländer zum *Gaon* (Vorsteher) der Akademie von *Sura* berufen. (Der von König David abstammende Exilarch war das Oberhaupt sämtlicher Juden im Kalifat und hatte eine einem Prinzen vergleichbare Stellung am Hof).

Im Jahr 930 kam es jedoch zu einem Zerwürfnis mit dem Exilarchen, das zu seinem Bann führte. Saʿadya erklärte seinerseits den Exilarchen als illegitim und erreichte die Einsetzung eines Gegenexilarchen. 932 verlor er allerdings vorläufig den Machtkampf und musste sich für fünf Jahre ins Privatleben zurückziehen. Er nutzte diese Zeit u.a. zum Schreiben seines Hauptwerkes *K. al-Amānāt waʾl-Iʿtiqādāt* (933).

937 kam zu einer Versöhnung mit dem Exilarchen und zu Saʿadyas Wiedereinsetzung als Gaon bis zu seinem Tod 942.

Weitere bedeutende Werke sind eine Bibelübersetzung (*Tafsīr*) ins Arabische, ein Kommentar (*šarḥ*) zu Teilen der Bibel, sein *Siddur* (Ordnung der Gebete) sowie ein Kommentar zum *Sefer Jeẓira*, weiterhin grammatische Werke (u.a. „*Kutub al-luġa*"), und eine gegen den religionskritischen Skeptiker *Ḥiwi al-Balkhī* gerichtete Schrift. Saʿadya gilt einerseits als jüdischer *Mutakallim* und andererseits als der Begründer des philosophischen Denkens im mittelalterlichen Judentum.

Anfang des *Kitāb al-Amānāt waʾl-Iʿtiqādāt*:

אפתתח מולפה באן קאל תבארך אללה אלאה אסראיל אלחקיק במעני אלחק
אלמבין אלמחקק ללנאטקין וגדאן אנפסהם חקא יקינא פוגדוא בהא
מחסוסאתהם וגדאנא צחיחא פעלמוא בהא מעלומאתהם עלמא צאדקא
ארתפעת בדלך ענהם אלשבה וזאלת מעה אלשכוך פכלצת להם אלדלאיל
וצפת להם אלבראהין ותסבח פוק כל וצף עאל ומדיח.

إِفْتَتَحَ مُؤَلِّفُهُ بِأَنْ قَالَ تَبَارَكَ ٱللهُ إِلهُ إِسْرَائِيلَ الحَقِيقُ الحَقِيقُ بِمَعْنَى الحَقِّ المُبِينِ المُحَقِّقِ لِلنَّاطِقِينَ وِجْدَان أَنْفُسِهِم حَقًّا يَقِينًا. فَوَجَدُوا بِهَا مَحْسُوسَاتِهِم وِجْدَانًا صَحِيحًا فَعَلِمُوا بِهَا مَعْلُومَاتِهِم عِلْمًا صَادِقًا. اِرْتَفَعَتْ بِذلِكَ عَنْهُم الشُّبَهُ وَزَالَتْ مَعَه الشُّكُوكُ فَخَلَصَتْ لَهُم الدَّلَائِلُ وَصَفَتْ لَهُم البَرَاهِينُ وَتسبّحَ فَوقَ كُلِّ وَصْفٍ عَالٍ وَمَدِيح.

Es eröffnete sein Autor, indem er sprach: Gesegnet sei Gott, der Gott Israels, der Kompetente in der Frage der Wahrheit, die offenbar und bestätigt ist für die Logiker durch die Kräfte ihrer Seelen als gesicherte Wahrheit.

So finden sie sie durch die Kräfte ihrer Sinneswahrnehmungen vertrauenswürdig, und sie erkennen sie durch ihre Wissenskräfte als bestätigtes Wissen.

So wird dadurch ihre Unklarheit aufgehoben, und es verschwinden ihre Zweifel, ihre Beweise werden klar, und ihre Beweisführungen lauter. Gepriesen sei Er, Der erhaben ist über jede Beschreibung und Lobpreisung. –

Literatur:

Saadya's Kitāb al-'Amānāt wa'l-'I'tiqādāt, ed. S. Landauer. Leiden, 1880. (Arabisch)

Saadia Gaon. The Book of Beliefs and Opinions. Translated from the Arabic and the Hebrew by Samuel Rosenblatt, New Haven 1955 (3rd Ed.).

Saadya Gaon. The Book of Doctrines and Beliefs. An Abridged Edition Translated from the Arabic with an Introduction and Notes by Alexander Altmann, Oxford 1946 (New Ed. Indianapolis 2002).

۴ מואדّ אלעלם

ונקול אנّהא ۴ מֹואדّ, אَﭏﭏ עלם אﻟﺸﭏהד ואﻟﺜﭏﻧﻴﺔ עלם אﻟﻌﻘﻞ ואﻟﺜﭏﻟﺜﺔ עלם
מא דפעת אﻟﻀﺮﻭﺭﺓ.

ואמّא נחן גמאﻋﺔ אﻟﻣﻮﺣﺪﻳﻦ פנצדّק בהﺪﻩ אﻟﺜﻼﺕ מואדّ אתי ללעלם ונﺼﻴﻒ
אליהא מאﺩّﺓ ראבﻋﺔ אסתכרגנאהא באﻟﺜﻼﺕ פצארת לנא אצלא והי צﺤّﺔ
אﻟﺨﺒﺮ אﻟﺼﭏﺩﻕ פאﻧّﻪ מבני עלי עלם אﺧﺲ ועלם אﻟﻌﻘﻞ.

אﻟﺨﺒﺮ ואﻟﻨﻬﻲ

כﺬﻟﻚ אסביל מע כל מﺪّﻋﻲ נﺒﻮّﺓ:

נקול לה כמא נקול כלנא פי מﻦ שאﻫﺪ אﻟﻐﭏﻳﺐ ואבראהין עלי תרך מא פי
ﻋﻘﻮﻟﻨﺎ מן אסתחסאן אﻟﺼﺪﻕ ואסתקבאח אﻟﻜﺪﺏ ומא אשבההﻤﺎ.

פלﭏﺟﺎ אלי אן קאל באﻥّ אסתקבאﻩ אﻟﻜﺪﺏ ואסתחסאן אﻟﺼﺪﻕ ליס מן טריﻖ אﻟﻌﻘﻞ
ואﻧّﻤﺎ המא מן גﻬّﺔ אﻟﺨﺒﺮ ואﻟﻨﻬﻲ וכﺬﻟﻚ אנכאר אﻟﻘﺘﻞ ואﻟﺰﻧﺎۥ ואﻟﺴﺮﻕ ומא
אשבההם פלﭏﻣﺎ כﺮﺝ אלי הﺪﻩ אﻟﺨﺒﺮ אﻟﺨﻤﻮﺭ כﻓﺖ מﻮّﻧﺘﻪ וכﻓﻴﺖ מכאלמתה.

ואקסם אﻟﺜﭏﻧﻲ אَﻣﻮﺭ לא יﻘﺼّﻲ אﻟﻌﻘﻞ באסתחסאנהא לעינהא ולא
באסתקבאחהא לעינהא. פצאר אﻟﻤﺎﻣﻮﺭ בה מנהא חסﻧّﺎ ואﻟﻤﻨﻬﻲ ענה
מנהא קביﺤّﺎ למﻮّﺿﻊ אﻟﺘﻌﺒّﺪ בﺬﻟﻚ.

مِن كِتَاب الأَمَانَات والإعْتِقَادَات

٤ موادّ العِلم

ونقول أنّها ٣ مَوادّ، الأُولى علم الشاهد والثانية علم العقل والثالثة علم ما دفعت الضرورة.

وأمّا نحن جَماعة المُوحِّدين فنُصدّق بهٰذه الثلاث موادّ التى للعلم ونُضيّف إليها مادّةً رابعةً استخرجناها بالثلاث فصارت لنا أصلًا وهي صحّة الخبر الصادق فإنّه مَبني على علم الحِسّ وعلى علم العقل.

الأمر والنهى

كذٰلك السَّبيل مع كلّ مُدّعي نُبوّةٍ:

العَقليات

نقول له كما نقول كلّنا في مَن شاهد الآيات والبَراهين على ترك ما في عُقولنا من إِستحسان الصدق واستقباح الكذب وما أشبههما.

فلجأ إلى أن قال بأنّ استقباح الكذب واستحسان الصدق ليس من طريق العقل وإنّما هما من جهة الأمر والنهي وكذٰلك إنكار القتل والزناء والسرق وما أشبههم فلمّا خرج إلى هٰذه الأُمور خفّت مؤونته وكفيتُ مُكالمته.

السَّمعيات

والقسم الثاني أُمور لا يَقضي العقل بٱستحسانها لعينها ولا بٱستقباحها لعينها.

فصار المأمور به منها حسنًا والمَنهي عنه منها قَبيحًا لموضع التعبُّد بذٰلك.

Und wir sagen: Es existieren 3 Erkenntnisweisen, die erste ist das Wissen des Augenzeugen, und die zweite ist das Wissen der Vernunft, und die dritte ist das Wissen, das die Notwendigkeit erzwingt. [...] Und was *uns* betrifft, die Gemeinschaft der *Einheitsbekenner*, so bestätigen wir diese drei Erkenntnisweisen, die das Wissen betreffen, und wir fügen ihnen eine vierte Erkenntnisweise hinzu, die wir aus den dreien ableiten, und sie wurde zu einer Wurzel für uns, und sie ist authentisch: *die wahrhaftige Tradition*, und sie ist gegründet auf das Wissen der Sinneswahrnehmung und das Wissen der Vernunft. -

So ist die Vorgehensweise bei jedem, der Anspruch auf Prophetenschaft erhebt: [...] Wir sagen zu ihm dasselbe, was wir alle betreffs desjenigen sagen, der Zeichen und Wunderbeweisen bezeugt, die unserer Vernunft zuwiderlaufen, was die Anerkennung der Wahrhaftigkeit und die Zurückweisung der Lüge und dergleichen angeht. Er würde gezwungen sein, zu behaupten, die Zurückweisung der Lüge und die Anerkennung der Wahrhaftigkeit geschähe nicht auf dem Wege der Vernunft, sondern geschähe immer durch [offenbartes] Gebot und Verbot, und ebenso die Verdammung von Mord, Unzucht, Diebstahl und dergleichen. Und wenn er sich zu diesen Dingen herablässt, ist er nicht mehr der Beachtung wert, und ich beende die Diskussion mit ihm. -

Und die zweite Klasse [der göttlichen Vorschriften] umfasst Sachverhalte, über die Vernunft kein Urteil abgibt entweder in ihrer Anerkennung oder in ihrer Zurückweisung. So wird das dadurch Befohlene zum Guten und das dadurch Verbotene zum Bösen, was den Gegenstand der Gottesverehrung dadurch angeht.

Aus dem Gesagten ergibt sich, dass eine Klasse von göttlichen Gesetzen existieren muss (die *'aqliyyāt*), die prinzipiell auch durch die Vernunft erkannt werden können. Daraus folgt, dass sie von der Sache her von kulturübergreifender Universalität sein müssen, und dass ihre Ablehnung mit dem Glauben an Gott unvereinbar ist (was auch für die Ablehnung ihrer Erkennbarkeit durch die Vernunft gilt, d.h. sie müssen in Übereinstimmung mit dieser interpretiert werden). Es ergibt sich ferner, dass der Inhalt der zweiten Klasse von Gesetzen (der *sam'iyyāt*) *kulturspezifisch* sein muss und sie keine kulturübergreifende Universalität beanspruchen können. Sie müssen folglich in einer Weise interpretiert werden, die der ersten Klasse *nicht widerspricht*.

Aus dem *Tafsīr* (Bibelübersetzung) von *Saadia*

1. Anfang von Genesis 1 (בראשית)

אוّל מא כّלק אללّה אّסמאואת ואّארץ̇.

أَوَّلَ مَا خَلَقَ اللهُ السَّمٰوٰتُ وَالْأَرْضُ.

ואّארץ̇ כאנת גّאמרةً מסתבّחّרةً̇ וטّלאם עלי וّגّה אّגّמר וריח אללّה תהّבّ עלי וّגّה אّמאء.

وَالْأَرْضُ كَانَتْ غَامِرَةً مُسْتَبْحِرَةً وَظَلَامٌ عَلَى وَجْهِ الْغَمْرِ وَرِيحُ اللهِ تَهَبُّ عَلَى وَجْهِ الْمَآءِ.

פّשאء אללّה אنّ יכוنَ נור פّכאن נור.

فَشَآءَ اللهُ أَنْ يَكُونَ نُورٌ فَكَانَ نُورٌ.

פّלמّא עלם אללّה אنّ אّנורَ גّיّד פّצّל בין אّנّור ואّטّלאם.

فَلَمَّا عَلِمَ اللهُ أَنَّ النُّورَ جَيِّدٌ فَصَلَ بَيْنَ النُّورِ وَالظَّلَامِ.

וّסמّי אללّה אّוקّאת אّנור נהّארّא וّאّוקّאת אّטّלאם ליّלّא, למّא מّצّי מן אّליّל ואّנّהّאר יום ואّחّד. פ

وَسَمَّى اللهُ أَوْقَاتِ النُّورِ نَهَارًا وَأَوْقَاتِ الظَّلَامِ لَيْلًا, لَمَّا مَضَى مِنَ اللَّيْلِ وَالنَّهَارِ يَوْمٌ وَاحِدٌ. ف

2. Anfang von Psalm 73

٧٣ مَجْدٌ يُسَبِّحُ بِهِ آلُ أَسَفَ.

Ein Preislied, mit dem die Asafiten (Gott) preisen (sollen):

إِنَّ اللهَ جَوَادٌ عَلَى بَنِى إِسْرَائِيلَ خَاصَّةً أَتْقِيَاءِ الْقُلُوبِ.

Gott ist gütig gegen die Kinder Israel, aber nur gegen die, die reinen Herzens sind.

وَأَنَا فَعَنْ قَلِيلٍ كَادَتْ رَجْلِي أَنْ تمِيلَ وَقَدمِي أَنْ تَزُولَ مِنْ سَعَادَتِي.

Ich aber – fast wären meine Füße gewankt und meine Schritte von meiner Glückseligkeit abgewichen.

لَمَّا غَرَّتُ عَلَى الْمُهجنِينَ إذ شَاهَدَتُ سَلَامَةَ الظَّالِمِينَ.

Als ich die Verächtlichen beneidete, da ich das Wohlergehen der Frevler sah.

وَلَيْسَ عُقَد مِنْ هَلَاكِهِم وَلَا خَطَرَ فَيَقُولُونَ لَعَلَّهُم يَصِحُّونَ.

Da sind keine Widerwärtigkeiten (Knoten), um sie zu vernichten, und keine Gefahr, so dass sie sprechen: Vielleicht bleiben sie unversehrt.

وَفِي شَقَا النَّاسِ لَيسَهُم وَمَعَ الآدَمِّيِينَ مَا يُبلونَ.

Und in dem Elend der Menschen befinden sie sich nicht, und mit den Menschenkindern werden sie nicht heimgesucht.

لِذَاكَ تطوَّقُهُم الإِقْتِدَارُ وَشَمْلهُم جَعَلَ الظُّلُم.

Darum ist der Stolz ihre Halskette und die Freveltat ihre Kleidung...

Quelle: Tafsīr Sefer Tehillim wa-Šarḥuhu, bi'l-ʿarabiyya, taʾlīf Rabbenu Saʿaya Gaʾon ben Josef al-Fayyūmī, ed. Zvi Selig Galliner, Berlin 1903.

Aus „Duties of the Heart" von *Baḥyā ben Josef Ibn Paquda*

מן כתאב אלהדאיה אלי פראיץ אקלוב

مِن كِتَاب الهِدَايَة إلى فَرائِض القُلُوب

FAITH WITHOUT KNOWLEDGE

THE faith of the believer is not complete unless he knows the meaning and the reasons of his belief. And this knowledge that enables one to fulfill the duties of the heart, is the hidden wisdom that is the light of hearts and the bright effulgence of souls; and concerning it Scripture says: "Behold Thou desirest truth in the inward parts and in the hidden, Thou wilt make me to know wisdom." It is only those of weak intellect who are not culpable if they take on trust what it is man's duty to search out. But whoever has the strength of intellect, and the power to sift and prove, is sinful if he neglects to do so, and also even his lack of knowledge is a sin.

[That means rejection of *taqlīd* תקליד.]

FREE WILL AND PROVIDENCE

WHEN you understand the mystery of movement and the dynamic laws of the universe, and realize how these, in their working, are among the greatest wonders of the wisdom of God, and you recognize how great has been the mercy of the Creator to His creatures in the operation of these laws, then it will be clear to you that all your movements are bound and controlled by the pleasure of the Creator, blessed be He, and His providence, and His will - the smallest and least important as well as the greatest, the obvious as well as those that are hidden - with one great exception:

That He has placed in your power the choice of good and evil.

[That means rejection of *qadar* קדר.]

Quelle:

Rabbi Bachye, The Duties Of The Heart, New York 1909.

Überleitung von Baḥyā Ibn Paquda zu Jehuda Halewi

Baḥyā Ibn Paquda wirkte (als *Dayyān* – rabbinischer Richter) unter der Herrschaft der Dynastie der *Hūdiden* in Saragossa (1039-1110), der es bis 1110 gelang, ihre Unabhängigkeit von den Almoraviden zu bewahren, und an deren Hof ein offenes intellektuelles Klima herrschte.

Baḥyā war ein Freund und Protegé des jüdischen Wesirs Abū ʾl-Faḍl Ibn Ḥasdai, eines Nachfahren des berühmten Diplomaten und Außenpolitikers am Hof des Kalifen von Cordoba, Ḥasdai Ibn Shapruṭ (915-970).

Letzterer hatte eine berühmte Korrespondenz mit dem König (*Khagan*) der Khazaren, Josef, geführt. Die Khazaren waren ein oghurisches Turkvolk, dessen Führungsschicht spätestens im 9. Jahrhundert zum Judentum konvertiert war. In ihrem Reich wurde eine Politik der Gleichberechtigung aller Religionen (einschließlich Islam, Christentum und des türkischen Schamanismus) praktiziert.

Die erwähnte Korrespondenz bildete das wesentliche Vorbild für das Hauptwerk Jehuda Halewis, das *Buch Kuzari.*

Außer dem arabischen Titel כתאב אלרד ואלדליל פי אלדין אלדליל existiert noch ein weiterer alternativer Titel: כתאב אלחגّה ואלדליל פי נצר אלדין אלדליל („Buch des Arguments und des Beweises für die Verteidigung der verachteten Religion").

Das Buch enthält eine Polemik gegen die arabisch-aristotelische Philosophie (s.u.) und eine apologetische Verteidigung des rabbinischen Traditionalismus und schildert die Bekehrung des khazarischen Herrschers in Form eines fiktiven Dialoggesprächs mit einem Rabbi. (Die literarische Form des Dialogs könnte den *platonischen* Werken nachempfunden sein.) Halewi war auch ein gefeierter Dichter (in hebräischer Sprache).

Literatur:

Andreas Roth, Chasaren. Das vergessene Großreich der Juden, Neu Isenburg 2006.

Kitāb al-radd wa-ʾl-dalīl fī ʾl-dīn al-dhalīl (al-Kitāb al-khazarī), by Judah Ha-Lewi, ed. David H. Baneth, prepared for publication by Haggai Ben-Shammai, Jerusalem 1977

Jehuda Hallewi, Das Buch Al-Chazarî, übersetzt von Dr. Hartwig Hirschfeld, Breslau 1885.

وَعَنْ مِثْلِ هٰذَا بَحَثَ الفَلَاسِفَةُ فَأَدَّاهُمْ إِلَى أَنَّ الوَاحِدَ لَا يَصْدُرُ

عَنْهُ إِلَّا وَاحِدٌ فَفَرَضُوا مَلَكًا مُقَرَّبًا فَاضَ عَنِ الأَوَّلِ ثُمَّ قَالُوا أَنَّ هٰذَا

المَلَكَ لَهُ صِفَتَانِ إِحْدَاهُمَا عِلْمُهُ بِوُجُودِهِ بِذَاتِهِ وَالأُخْرَى عِلْمُهُ أَنَّ

لَهُ سَبَبًا فَوَجَبَ عَنْهُ شَيْءَانِ مَلَكٌ وَفَلَكُ الكَوَاكِبِ الثَّابِتَةِ. وَهٰذَا

أَيْضًا بِمَا عَقَلَ مِنَ الأَوَّلِ وَجَبَ عَنْهُ مَلَكٌ ثَانٍ وَبِمَا عَقَلَ مِنْ ذَاتِهِ

وَجَبَ عَنْهُ فَلَكُ زُحَلَ وَهٰكَذَا إِلَى القَمَرِ ثُمَّ إِلَى العَقْلِ الفَعَّالِ وَقَدْ

قَبِلَ النَّاسُ هٰذَا وَٱنْخَدَعُوا لَهُ حَتَّى قَالُوا أَنَّهُ بُرْهَانٌ لِمَا نُسِبَ إِلَى

فَلَاسِفَةٍ يُونَانٍ. وَهٰذَا دَعْوَى مَحْضَةٌ لَا إِقْنَاعَ فِيهَا وَيُعْتَرَضُ بِكُمْ

وُجُوهٌ أَحَدُهَا لِمَ وَقَفَ هٰذَا الفَيْضُ أَلِتَقْصِيرٍ مِنَ الأَوَّلِ .

[Der Rabbi:]

In ähnlicher Weise forschten die Philosophen und gelangten zu dem Ergebnis, dass von dem Einen nur Eines ausgehen könnte. Sie nehmen einen Gott nahestehenden Engel an, dem vom Ersten ein Ausfluss zugehe, dann sagen sie, dass dieser Engel zwei Eigenschaften besitze, die eine, dass er sein Dasein durch sein Wesen kenne, die andere, dass er wisse, er habe eine Ursache. Daraus ergeben sich zwei Dinge, ein Engel und die Fixsternsphäre. Aus dem, was ihm vom Ersten zur Erkenntnis gekommen, ergibt sich ein zweiter Engel und aus der Erkenntnis seiner Wesenheit ergibt sich die Saturnsphäre und so fort bis zum Monde, dann zum tatkräftigen Verstande. Die Menschen haben dies angenommen und sich so weit täuschen lassen, dass sie es für einen Beweis nahmen, weil es den griechischen Philosophen zugeschrieben wurde. Es ist das aber nur eine einfache Behauptung, die nicht befriedigen kann. Es lassen sich dabei verschiedene Einwände machen. Erstens, warum hörte dieser Ausfluss auf – durch den zu großen Abstand vom Ersten? ... [In der Tat.]

Aus dem *Sefer ha-Miṣwot* (Buch d. Gebote) von Maimonides:

Der Glaubenssatz der Gotteseinheit

إعتِقاد التوحيد

د وَالمِصْوَة الثَّانِيَةُ, هُوَ الأَمْرُ الَّذِي أَمَرَنَا بِإِعْتِقَادِ التَّوْحِيدِ, وَهُوَ أَنْ

نَعْتَقِدَ أَنَّ فَاعِلَ الوُجُودِ وَسَبَبَهُ الأَوَّلَ وَاحِدٌ, وَهُوَ قَوْلُهُ تَعَالَى:

شَمَعْ يِسْرَئِلْ, ה' (هَشِم) إلِهِينُو, ה' إِحَد. وَفِي أَكْثَرِ المِدْرَشُوتِ

تُجِدُهُم يَقُولُونَ: عَل منت لِيَحِد إِت شْمِي, عَل منت لِيَحِدنِي,

وَكَثِيرٌ مِثْلَ ذَلِكَ, يَعْنُونَ بِهَذَا القَوْلِ أَنَّهُ إِنَّمَا أَجْرَخَنَا مِنَ العُبُودِيَةِ

وَفَعَلَ مَعَنَا مَا فَعَلَ مِنَ الأَفْضَالِ وَالإِحْسَانِ إِلَّا عَلَى شَرْطِ إِعْتِقَادِ

التَّوْحِيدِ, لِأَنَّا مُكَلَّفِينَ بِذَلِكَ, وَكَثِيرٌ مَا يَقُولُونَ مِصْوَت يِحُود.

وَيُسَمُّونَ أَيْضًا هَذِهِ المِصْوَة مَلْكُوت, لِأَنَّهُم يَقُولُونَ: كِدِي لِقْبِل

عَلَيو عَوْل مَلْكُوت شَمَيِم, يَعْنِي الإِقْرَار بِالتَّوْحِيدِ وَإِعْتِقَادِهِ.

Und die zweite *Miṣwa*, der Befehl, der uns den Glaubenssatz der Gotteseinheit anbefiehlt, und er ist, dass wir überzeugt sind, dass der Macher des Existierenden und seine Erste Ursache *Einer* ist, und es ist der Ausspruch des Erhabenen: *Höre Israel, Ha-Shem ist unser Gott, Ha-Shem Einer.* Und in den meisten *Midrashot* findet sich, dass sie aussagen: *Um zu einigen Meinen Namen / um Mich zu einigen.* Und vieles ähnlich diesem; und sie meinen mit diesem Ausspruch, dass Er uns nur herausgeführt hat aus der Knechtschaft und getan hat an uns, was Er getan hat an Gnadenerweisen und Gutem, unter der Bedingung des *Glaubens an die Gotteseinheit.* Denn dies ist *unser Auftrag*; und vieles sagen sie zur *Miṣwat Jiḥud.* Und sie nennen diese *Miṣwa* auch *Malkhut*, denn sie sagen: *Dass er auf sich nimmt das Joch des himmlischen Königreichs* (Malkhut Shamajim), das bedeutet die Entschlossenheit zum Glauben an die Gotteseinheit. [eig. Übs.]

Anfänge der 13 Qawāʿid des *Maimonides*:

א וגוד אלבארי סבחאנה ודלך אן תֻם מוגוד באכמל אנחא
אלוגוד וֹהו עלהֹ וגוד אלמוגודאת כלהא ובה קואם וגודהא

وُجود البارئ سُبحانه وذٰلك أن ثم موجود بأكمل أنحا الوجود

وهو علّة الموجودات كلها وبه قوام وجودها

I. Die erste Grundlehre betrifft die *Existenz des Schöpfers - erhoben sei Er!* Das heißt, dass etwas in höchster Vollendung existiert, das die Ursache von allem ist, was existiert; in Ihm gründet ihre Existenz, und von Ihm geht ihr Bestand aus...

ב וחדתה תעאלי ודלך אן הֹדא עלהֹ אלכל ואחד

وحدته تعالى وذٰلك أن هٰذا علّة الكل واحد

II. Die zweite Grundlehre betrifft die *Einheit Gottes - erhoben sei Er!* Das heißt, dass Er, die Ursache von allem, EINER ist...

ג נפי אלגסמאניהֹ ענה ודלך אן הֹדא אלואחד מא הו גסם ולא
קוהֹ לגסם

نفي الجسمانية عنه وذٰلك أن هٰذا الواحد ما هو جسم ولا قوّة لجسم

III. Die dritte Grundlehre betrifft den *Ausschluss der Körperlichkeit in Bezug auf Ihn.* Das heißt, dass jener EINE weder ein Körper ist noch eine Kraft in einem Körper...

ד אלקדם ודלך אן הֹדא אלואחד אלמוצוף הו אלקדים עלי
אלאטלאק וכל מוגוד גירה פהו גיר קדים באעתבארה אליה

القدم وذٰلك أن هٰذا الواحد الموصوف هو القديم على الإطلاق

وكل موجود غيره فهو غير قديم بإعتباره إليه

IV. Die vierte Grundlehre betrifft die *Ewigkeit.* Das bedeutet, dass dieser genannte EINE der absolut Ewige ist und dass jedes außer ihm Existierende nicht ewig ist im Verhältnis zu Ihm...

ה אנה תעאלי הו אלדׄי ינבגׄי אן יעבד ויעטׄם ויעלן בתעטׄימה
וטאעתה ולא יפעל דׄלך למן דונה פי אלוגוד

أنه تعالى هو الذى ينبغى أن يعبد ويعظم ويعلن بتعظيمه وطاعته

ولا يفعل ذُلك لمن دونه في الوجود

V. Die fünfte Grundlehre besteht darin, dass es sich geziemt, Ihm - *erhoben werde Er* - zu dienen, Ihn groß zu nennen und Seine Größe kundzutun und Seine Gebote zu erfüllen, und dass man es nicht so hält mit etwas, das existenzmäßig unter Ihm steht...

ו אלנבוהׄ ודלך באן יעלם אן הדׄא אלנוע אלאנסאני קד יוגד
פיה אשכׄאץ פטר פאיקהׄ גדא וכמאל כתׄיר ותתהיא נפוסהם
חתי תקבל צורהׄ אלעקל

النبوة وذُلك بأن يعلم أن هٰذا النوع الإنساني قد يوجد فيه أشخاص

فطر فائقة جدا وكمال كثير وتتهياء نفوسهم حتى تقبل صورة العقل

VI. Die sechste Grundlehre betrifft die *Prophetie*. Das heißt: Man soll erkennen, dass es eine Art von Menschen gibt mit überragenden Anlagen und Verhaltensweisen und von großer Vollkommenheit, so dass deren Seelen schließlich bereit sind, die Form des *Intellekts* anzunehmen...

ז נבוהׄ משה רבנו ודלך באן יעתקד אנה אביהם של כל הנביאים
אלמתקדמין קבלה ואלמתאכׄרין בעדה אלכל הם דונה פי
אלרתבהׄ והו צפוהׄ אללה מן גמיע אלנוע אלאנסאני

نبوة مُشه ربنو وذُلك بأن يعتقد أنه أبيهم شل كل هنَبيئيِّم المتقدمين

قبله والمتأخرين بعده الكل هم دونه في الرُّتبة وهو صفوة الله من جميع

النوع الإنساني

VII. Die siebente Grundlehre betrifft die *Prophetie unseres Lehrers Moshe*. Sie besagt, dass man glauben soll, er sei der Vater aller Propheten, die vor ihm gewesen waren und die nach ihm aufgetreten sind. Sie alle stehen im Rang unter ihm, und er war der Auserwählte Gottes aus dem ganzen Menschengeschlecht...

ח הי תורה מן השמים ודלך באן יעתקד אן גמיע אלתורה
אלמוגודה̈ באידינא יומנא הד̇א הי אלתורה אלמנזלה̈ עלי משה
ואנהא כלהא מפי הגבורה אעני אנהא וצלת לה כלהא מן קבל
אללה אלוצול אלד̇י יסמיה עלי סביל אלמגאז כלאם

هي توره من هَشَمَيم وذٰلك بأن يعتقد أن جميع التوره الموجوده
بأيدينا يومنا هٰذا هي التوره المنزلة على مُشه وأنّها كلها مِفي هَجَبوره
أعني أنّها وصلت له كلها من قبل الله الوصول الذى يسميه على
سبيل المجاز كلام

VIII. Die achte Grundlehre besteht darin, dass die *Torah vom Himmel* ist. Das bedeutet, wir glauben, dass die Gesamtheit dieser *Torah*, die sich in unseren Händen befindet, an *Moshe* übermittelt worden ist und dass sie gänzlich aus dem Munde der Gottheit stammt; mit anderen Worten: dass sie insgesamt von Gott zu ihm (*Moshe*) gelangt ist auf die Weise, die im übertragenen Sprachgebrauch „Rede" genannt wird...

ט אלנסך̇ ודלך אן הד̇ה שריעה̈ משה לא תנסך̇ ולא תאתי
שריעה̈ מן קבל אללה גירהא

النسخ وذٰلك أن هٰذه شريعة مُشه لا تنسخ ولا تأتى شريعة من
قبل الله غيرها

IX. Die neunte Grundlehre betrifft die *Aufhebung*. Sie bedeutet, dass dieses Gesetz nicht aufgehoben wird und dass keine andere *Torah* von Gott kommt außer ihr...

י אנה תעאלי יעלם אפעאל אלנאס ולא יהמלהא

أنه تعالى يعلم أفعال الناس ولا يهملها

X. Die zehnte Grundlehre besteht darin, dass Er - *Er werde erhoben!* - *die Taten der Menschen kennt* und dass Er seine Augen davor nicht verbirgt...

יא אנה תעאלי יגאזי מן ימתתّל אואמר אלתורה ויעאקב מן ירתכב
נואהיהא ואן אעטֿם גֿזאה העולם הבא ואן אשדّ עקאבה אלכרת

أنه تعالى يُجازي مَن يَمتثل أوامر التوره ويعاقب مَن يرتكب نواهيها
وأن أعظم جزاه هَعُولَم هَبأ وأن أشدّ عقابه الكَرت

XI. Die elfte Grundlehre besteht darin, dass Er - *Er werde erhoben!* - *Lohn gibt*
dem, der die Worte der *Torah* befolgt, und den *bestraft*, der ihre Verbote übertritt;
und dass der größte Lohn die „Kommende Welt" ist und die härteste Strafe der
Existenzverlust...

יב ימות המשיח והו אלאימאן ואלתצדיק במגיה

يَموت هَمَمَشيح وهو الإيمان والتصديق بمجئه

XII. Die zwölfte Grundlehre betrifft die *Zeit des Messias*. Das heißt, es ist zu
glauben und für wahr zu halten, dass er kommen wird...

יג תחית המתים וקד בינّאהא.

تَحَيت هَمِتيم وقد بينّاها.

XIII. Die dreizehnte Grundlehre betrifft die *Auferstehung der Toten*, und wir haben
sie bereits erläutert. -

פאדֿא סלמת ללאנסאן הדֿה אלקואעד כלהא וצחّ אעתקאדה להא
פהו דאכֿל בכלל ישֿראל

فإذا سلمت للإنسان هٰذه القواعد كلها وصحّ إعتقاده لها فهو داخل

بكلَل يِسرئل

Wenn nun ein Mensch alle diese *Grundlehren* vollständig annimmt und sein Glaube an
sie lauter ist, dann gehört er zur *Gesamtheit Israels*...

ואדֿא אכֿתלת ללשֿכֿץ קאעדةֿ מן הדֿה אלקואעד פקד יצא מן הכלל
וכפר בעיקר

وإذا أختلت للشخص قاعدة من هٰذه القواعد فقد يصأ من هٰكلَل
وكفر بعيقر

Wenn aber bei einem Menschen eine von diesen Grundlehren erschüttert worden ist, dann ist er aus der Gesamtheit Israels *ausgeschieden* und hat die *Grundlehre schlechthin geleugnet*…

Man beachte die Schreibung von ğ (ج) und ġ (غ) in diesem Abschnitt!

Maimonides, *Hilchot Jesodē ha-Torah*, Anfang:

Während die *Mishne Torah* des Maimonides selbstverständlich *auf Hebräisch* abgefasst ist, bemerkt man in den Anfangssätzen des Ersten Buches sehr deutlich die Spuren von Gedanken in arabischer Sprache, nämlich sinngemäß solche von *Ibn Sīnā: Nur Gott* allein ist das *unbedingte Sein,* alles andere ist in seiner Existenz von Ihm abhängig (kontingent):

יְסוֹד הַיְסוֹדוֹת וְעַמּוּד הַחָכְמוֹת, לֵידַע שֶׁיֵּשׁ שָׁם מָצוּי
רִאשׁוֹן. וְהוּא מַמְצִיא כָּל הַנִּמְצָא, וְכָל הַנִּמְצָאִים מִן
שָׁמַיִם וָאָרֶץ וּמַה בֵּינֵיהֶם, לֹא נִמְצְאוּ אֶלָּא מֵאֲמִתַּת
הִמָּצְאוֹ.

א *Das Fundament der Fundamente und die Stütze der Weisheiten* ist es, zu wissen, dass da ist ein *Erstes Existierendes.* Und Es hat in Existenz gebracht alles, was existiert. Und alle existierenden Dinge, von denen in den Himmeln und auf Erden, und was zwischen ihnen ist, sie existieren in Wahrheit *nur aufgrund Seiner Existenz.*

أَسَاسُ الأَسَاسَاتِ وَعَمُودُ الحِكَمِ لِيَعْلَمَ أَنَّهُ ثَمَّ وُجُودٌ أَوَّلٌ. وَهُوَ مُوْجِدُ

كُلِّ المَوجُودِ، وَكُلُّ المَوجُودَاتِ مِنَ السَّمَوَاتِ وَالأَرْضِ وَمَا بَيْنَهُنَّ لَا

تُوجَدُ إِلَّا مِن حَقِيقَةِ وُجُودِهِ.

וְאִם יַעֲלֶה עַל הַדַּעַת שֶׁהוּא אֵינוּ מָצוּי, אֵין דָּבָר אַחֵר
יָכוֹל לְהִמָּצְאוֹת.

Und wenn die Vorstellung aufsteigen würde, dass Es nicht existieren würde, kein anderes Ding vermöchte zu existieren.

וְאִם יַעֲלֶה עַל הַדַּעַת שֶׁאֵין כָּל הַנִּמְצָאִים מִלְּבַדּוּ
מְצוּיִים, הוּא לְבַדּוּ יִהְיֶה מָצוּי וְלֹא יִבָּטֵל הוּא לְבִטּוּלָם,

Und wenn die Vorstellung aufsteigen würde, dass keines von allen existierenden Dingen außer Ihm existieren würde, Es allein würde existieren, und nicht würde Es nichtig werden durch ihre Nichtigkeit. (Es ist das *Notwenige Sein*. هُوَ وَاجِبُ الْوُجُود)

שֶׁכָּל הַנִּמְצָאִים צְרִיכִין לוֹ, וְהוּא בָּרוּךְ הוּא אֵינוּ צָרִיךְ
לָהֶם, וְלֹא לְאֶחָד מֵהֶם,

Denn alle die existierenden Dinge bedürfen Seiner, und Er, Gesegnet sei Er, bedarf ihrer nicht, auch nicht eines von ihnen. (Sie haben nur ein *mögliches Sein* مُمْكِنُ الْوُجُود.)

לְפִיכָךְ אֵין אֲמִתָּתוֹ כַּאֲמִתַּת אֶחָד מֵהֶם. הוּא שֶׁהַנָּבִיא
אוֹמֵר וַה' אֱלֹהִים אֱמֶת.

ב Darum ist *Seine Realität* nicht so wie die Realität irgendeines von ihnen. Das ist, was der Prophet (Jeremia 10,10) spricht: „Und *JHWH Elohim* ist Wahrheit".

مِنْ أَجْلِ ذَٰلِكَ لَيْسَ حَقُّهُ كَحَقِيقَةِ أَحَدٍ مِنْهَا. هُوَ قَوْلُ النَّبِيِّ:
وَٱللَّهُ رَبُّكُم هُوَ الْحَقُّ.

הוּא לְבַדּוֹ הָאֱמֶת, וְאֵין לְאַחֵר אֱמֶת כַּאֲמִתוֹ.

Er allein ist die Wahrheit (هُوَ وَحْدَهُ الْحَقُّ), und es gibt keine andere Realität wie Seine Realität (وَلَا حَقِيقَةَ أُخْرَى كَحَقِيقَتِهِ).

וְהוּא שֶׁהַתּוֹרָה אוֹמֶרֶת אֵין עוֹד, מִלְּבַדּוֹ.

Und das ist, was die Torah spricht (Deut 4,35): *Nichts ist außer Ihm.*
[eig. Übs.]

وَهُوَ قَوْلُ التَّوْرَىٰةِ: لَا آخَرَ إِلَّا هُوَ.

دلالة الحائرين III,51

קד ביّנّא לך אן הד̇א אלעקל אלד̇י פאץ̇ עלינא מנה תעאלי הו אלוّצלה
אלתי ביננא ובינה ואנת אלמכ̇יّר אן שית אן תֹקﬞﬦ אן הד̇ה אלוצלה ותגّלט̇הא
פעלת ואן שית אן תֻצ̇עפהא ותרקّקהא אוّלא אוّלא חתّי תקטעהא פעלת.

ואנّמא תֹﬤﬦ הד̇ה אלוצלה באעמאלהא פי מﬤבّﬨה ואלאקבאל עלי ד̇לך
כמא ביّנّא.

(Dalāla al-Ḥāʾirīn, S. 245, Z. 15ff.)

قَدْ بَيَّنَّا لَكَ أَنَّ هٰذَا العَقْلَ الَّذِى فَاضَ عَلَيْنَا مِنْهُ تَعَالَى هُوَ الوُصْلَةُ الَّتِي

بَيْنَنَا وَبَيْنَهُ وَأَنْتَ المُخَيَّرُ إِنْ شِئْتَ أَنْ تُقَوِّيَ هٰذِهِ الوُصْلَةَ وَتُغَلِّظَهَا

فَعَلْتَ وَإِنْ شِئْتَ أَنْ تُضْعِفَهَا وَتُرَقِّقَهَا أَوَّلًا أَوَّلًا حَتَّى تَقْطَعَهَا فَعَلْتَ.

وَإِنَّمَا تُقَوِّي هٰذِهِ الوُصْلَةَ بِالأَعْمَالِهَا فِي مُحَبَّتِهِ وَالإِقْبَالِ عَلَى ذٰلِكَ كَمَا

بَيَّنَّا.

דלאלﬨ אלחאירין III,51

Ich habe dir ja auseinandergesetzt, dass die von Gott über uns sich ergießende *Vernunft* das Band ist zwischen Ihm und uns, und dass es dir anheimgestellt ist, ob du dieses Band befestigen und inniger machen oder nach und nach lockern willst, bis du es gänzlich lösest.

Dieses Band wird aber nur befestigt, wenn du dich ihrer in der Liebe zu Gott[1] bedienst und wenn, wie wir ausführten, dein Ziel auf sie gerichtet ist.

[1 Vgl. Shmaʿ Israel: Und du sollst den Ewigen deinen Gott *lieben* mit ganzem Herzen… usw.]

وَأَحِبَّ أَدُنَي إِلٰهَكَ بِكُلِّ لِبَّكَ …

כתיר מא יוגّד פי אלמדרשות ואלתלמוד אן מן אלאנביא מَן ירי אללّה
מן כֻלף חֻגֻب כתירה̇ ומנהם מَن יראה מן כֻלף חגّב קלילّה̇ עלי קّדر
קרבהם מן אללّה ועלו מَנזלתהם פי אלנבوّة̇ חّתّי קאלוا אן מّשה רבّנו
ראי אללّה מן כֻלף חגّאב ואחד סקّיל אعני שפّאف. [...]
פלّم יבק בינה ובין אדّראך אללّה עלי חקّיקّה וֻגודה גיר חגّאب ואחד
סקّיל והו אلعקّל אلإנסאני אلغיר מפّארק.

كثير ما يوجد في المِدْرَشوت والتَّلمود أن من الأنبياء مَن يرى اللهَ من
خلف حُجُب كثيرة ومنهم مَن يراه من خلف حجب قليلة على قدر
قربهم من الله وعلو مَنزلتهم في النُّبوَّة حتَّى قالوا الحَكِميم أن موسى
رَبِنو رأى اللهَ من خلف حجاب واحد سقيل أعني شفاف. ...
فـلَمْ يبق بينه وبين إدراك اللهِ على حقيقة وُجوده غير حجاب واحد
سقيل وهو العقل الإنساني الغير مُفارق.

Man findet häufig in den *Midrashot* und... im Talmud, dass einige Propheten Gott
nur hinter vielen, andere hingegen hinter wenigen Scheidewänden schauten, nach
Maßgabe ihres Näheverhältnisses zu Gott und der Höhe ihres Prophetenranges.
Sie (die Weisen) sagen sogar, unser Lehrer *Moshe* habe Gott hinter einer einzigen
klaren d.i. durchsichtigen Scheidewand geschaut. [...]

So gab es also zwischen ihm und der Erkenntnis Gottes, wie Er wirklich ist, nur
noch eine einzige, durchsichtige Scheidewand, nämlich die (von der Materie) noch
nicht getrennte menschliche Vernunft.

---

[1] אלחכמים

Literatur:

Rabbi Moshe Ben Maimon (Maimonides), Sefer Hamitzvot. Book of Commandments, Arabic Original With New Translation And Commentary By Rabbi Joseph Kafih, Jerusalem 1971.

The Commandments, The 613 mitzvoth of the Torah elucidated in English, Vol. 1. By Rabbi Moshe ben Maimon (RAMBAM-Maimonides), Translated by Rabbi C. Chavel, Brooklyn 1967.

Holzer, Dr. J.: Zur Geschichte der Dogmenlehre in der jüdischen Religionsphilosophie des Mittelalters. Mose Maimûni's Einleitung zu Chelek im arabischen Urtext und in der hebräischen Uebersetzung kritisch herausgegeben und mit erklärenden Anmerkungen versehen, Berlin 1901.

Dalāla al-Ḥāʾirīn, leRabbenu Moshe ben Maimon, ed. Shlomo ben Eliʿezer Munk, Jerusalem 1929.

Mose Ben Maimon, Führer der Unschlüssigen, Übersetzung und Kommentar von Adolf Weiß, Mit einer Einleitung von Johann Maier, Hamburg 1995.

Mose Ben Maimon, Acht Kapitel: Eine Abhandlung zur jüdischen Ethik und Gotteserkenntnis, Deutsch und Arabisch von Maurice Wolff. Mit Einführung und Bibliographie von Friedrich Niewöhner, Hamburg 1992.

Moses Maimonides, Das Buch der Erkenntnis, Herausgegeben von Eveline Goodman-Thau und Christoph Schulte, Berlin 1994.